目錄

掃一掃聽有聲經典

音頻二維碼

孝經

開宗明義章第一

仲尼居曾子侍子曰先王有至德要道以順天下民用和睦上下無怨汝知之乎曾子避席曰參不敏何足以知之子曰夫孝德之本也教之所由生也復坐吾語汝身體發膚受之父母不敢毀傷孝之始也立身行道揚名于後世以顯父母孝之終也夫孝始于事親中于事君終于立身大雅云無念爾祖

聿修厥德。

天子章第二

子曰。愛親者。不敢惡于人。敬親者。不敢慢于人。愛敬盡于事親。而德教加于百姓。刑于四海。蓋天子之孝也。甫刑云。一人有慶。兆民賴之。

諸侯章第三

在上不驕。高而不危。制節謹度。滿而不溢。高而不危。所以長守貴也。滿而不溢。所以

長守富也。富貴不離其身。然後能保其社稷。而和其民人。蓋諸侯之孝也。詩云。戰戰兢兢。如臨深淵。如履薄冰。

卿大夫章第四

非先王之法服不敢服。非先王之法言不敢道。非先王之德行不敢行。是故非法不言。非道不行。口無擇言。身無擇行。言滿天下無口過。行滿天下無怨惡。三者備矣。然後能守其宗廟。蓋卿大夫之孝也。詩云。夙夜匪懈。

以事一人。

士章第五

資于事父以事母，而愛同。資于事父以事君，而敬同。故母取其愛，而君取其敬，兼之者父也。故以孝事君則忠，以敬事長則順。忠順不失，以事其上，然後能保其祿位，而守其祭祀。蓋士之孝也。詩云：夙興夜寐，無忝爾所生。

庶人章第六

用天之道，分地之利，謹身節用，以養父母。

此庶人之孝也。故自天子至于庶人。孝無終始。而患不及者。未之有也。

三才章第七

曾子曰。甚哉。孝之大也。子曰。夫孝。天之經也。地之義也。民之行也。天地之經。而民是則之。則天之明。因地之利。以順天下。是以其教不肅而成。其政不嚴而治。先王見教之可以化民也。是故先之以博愛。而民莫遺其親。陳之于德義。而民興行。先之以敬讓。而民不

爭。導之以禮樂。而民和睦。示之以好惡。而民知禁。詩云。赫赫師尹。民具爾瞻。

孝治章第八

子曰。昔者明王之以孝治天下也。不敢遺小國之臣。而況于公。侯。伯。子。男乎。故得萬國之歡心。以事其先王。治國者。不敢侮于鰥寡。而況于士民乎。故得百姓之歡心。以事其先君。治家者。不敢失于臣妾。而況于妻子乎。故得人之歡心。以事其親。夫然。故生

則親安之，祭則鬼享之，是以天下和平，災害不生，禍亂不作，故明王之以孝治天下也如此。詩云：有覺德行，四國順之。

聖治章第九

曾子曰：敢問聖人之德，無以加于孝乎？

子曰：天地之性，人爲貴，人之行，莫大于孝，孝莫大于嚴父，嚴父莫大于配天，則周公其人也。昔者周公郊祀後稷以配天，宗祀文王于明堂以配上帝，是以四海之内，各以其職來祭。夫聖人之德。又何以加于孝乎。故親生之膝下。以養父母日嚴。聖人因嚴以教敬。因親以教愛。聖人之教。不肅而成。其政不嚴而治。其所因者本也。父子之道。天性也。君臣之義也。父母生之。續莫大焉。君親臨之。厚莫重焉。故不愛其親而愛他人者。謂之悖德。不敬其親而敬他人者。謂之悖禮。以順則逆。民無則焉。不在于善。而皆在于凶德。雖得之。君子不貴也。君子則不然。言思可道。行思可樂。

德義可尊，作事可法，容止可觀，進退可度，以臨其民，是以其民畏而愛之，則而象之，故能成其德教，而行其政令。詩云：淑人君子，其儀不忒。

紀孝行章第十

子曰：孝子之事親也，居則致其敬，養則致其樂，病則致其憂，喪則致其哀，祭則致其嚴，五者備矣，然後能事親。事親者，居上不驕，爲下不亂，在醜不爭。居上而驕則亡，爲下而亂則刑，在醜而爭則兵。三者不除，雖日用三牲之養，猶爲不孝也。

五刑章第十一

子曰，五刑之屬三千，而罪莫大于不孝。要君者無上，非聖者無法，非孝者無親，此大亂之道也。

廣要道章第十二

子曰，教民親愛，莫善于孝；教民禮順，莫善于悌；移風易俗，莫善于樂；安上治民，莫善于禮。禮者。敬而已矣。故敬其父。則子悅。敬其兄則弟悅。敬其君則臣悅。敬一人。而千萬人悅。所敬者寡。而悅者衆。此之謂要道矣。

廣至德章第十三

子曰。君子之教以孝也。非家至而日見之也。教以孝。所以敬天下之爲人父者也。教以悌。所以敬天下之爲人兄者也。教以臣。所以敬天下之爲人君者也。詩云。愷悌君子。民之父母。非至德。其孰能順民。如此其大者乎。

廣揚名章第十四

子曰。君子之事親孝。故忠可移于君。事兄悌。故順可移于長。居家理。故治可移于官。是以行成于内。而名立于後世矣。

諫諍章第十五

曾子曰。若夫慈愛。恭敬。安親。揚名。則聞命矣。敢問子從父之令。可謂孝乎。子曰。是何言與。是何言與。昔者。天子有争臣七人。雖無道。不失其天下。諸侯有争臣五人。雖無道。不失其國。大夫有爭臣三人。雖無道。不失其家。士有爭友。則身不離于令名。父有爭子。則身不陷于不義。故當不義。則子不可以不爭于父。臣不可以不爭于君。故當不義則爭之。從父之令。又焉得爲孝乎。

感應章第十六

子曰。昔者明王事父孝。故事天明。事母孝。故事地察。長幼順。故上下治。天地明察。神明彰矣。故雖天子。必有尊也。言有父也。必有

先也。言有兄也。宗廟致敬。不忘親也。修身慎行。恐辱先也。宗廟致敬。鬼神著矣。孝悌之至。通于神明。光于四海。無所不通。詩云。自西自東。自南自北。無思不服。

事君章第十七

子曰。君子之事上也。進思盡忠。退思補過。將順其美。匡救其惡。故上下能相親也。詩云。心乎愛矣。遐不謂矣。中心藏之。何日忘之。

喪親章第十八

子曰，孝子之喪親也，哭不偯，禮無容，言不文，服美不安，聞樂不樂，食旨不甘，此哀戚之情也，三日而食，教民無以死傷生，毀不滅性，此聖人之政也，喪不過三年，示民有終也，爲之棺椁衣衾而舉之，陳其簠簋而哀戚之，擗踊哭泣，哀以送之，卜其宅兆而安措之，爲之宗廟，以鬼享之，春秋祭祀，以時思之，生事愛敬，死事哀戚，生民之本盡矣，死生之義備矣，孝子之事親終矣，

孝經

音頻二維碼

開宗明義章第一

仲尼居。曾子侍。子曰。先王有至德要道。以
順天下。民用和睦。上下無怨。汝知之乎。曾子
避席曰。參不敏。何足以知之。子曰。夫孝。德之
本也。教之所由生也。復坐。吾語汝。身體髮
膚。受之父母。不敢毀傷。孝之始也。立身行道。
揚名于後世。以顯父母。孝之終也。夫孝。始于
事親。中于事君。終于立身。大雅云。無念爾祖。

聿修厥德。

天子章第二

子曰。愛親者。不敢惡于人。敬親者。不敢慢于人。愛敬盡于事親。而德教加于百姓。刑于四海。蓋天子之孝也。甫刑云。一人有慶。兆民賴之。

諸侯章第三

在上不驕。高而不危。制節謹度。滿而不溢。高而不危。所以長守貴也。滿而不溢。所以

長守富也。富貴不離其身。然後能保其社稷。而和其民人。蓋諸侯之孝也。詩云。戰戰兢兢。如臨深淵。如履薄冰。

卿大夫章第四

非先王之法服不敢服。非先王之法言不敢道。非先王之德行不敢行。是故非法不言。非道不行。口無擇言。身無擇行。言滿天下無口過。行滿天下無怨惡。三者備矣。然後能守其宗廟。蓋卿大夫之孝也。詩云。夙夜匪懈。

以事一人。

士章第五

資于事父以事母。而愛同。資于事父以事君。而敬同。故母取其愛。而君取其敬。兼之者父也。故以孝事君則忠。以敬事長則順。忠順不失。以事其上。然後能保其禄位。而守其祭祀。葢士之孝也。詩云。夙興夜寐。無忝爾所生。

庶人章第六

用天之道。分地之利。謹身節用。以養父母。

此庶人之孝也。故自天子至于庶人。孝無終始。而患不及者。未之有也。

三才章第七

曾子曰。甚哉。孝之大也。子曰。夫孝。天之經也。地之義也。民之行也。天地之經。而民是則之。則天之明。因地之利。以順天下。是以其教不肅而成。其政不嚴而治。先王見教之可以化民也。是故先之以博愛。而民莫遺其親。陳之于德義。而民興行。先之以敬讓。而民不

爭。導之以禮樂。而民和睦。示之以好惡。而民知禁。詩云。赫赫師尹。民具爾瞻。

孝治章第八

子曰。昔者明王之以孝治天下也。不敢遺小國之臣。而況于公、侯、伯、子、男乎。故得萬國之歡心。以事其先王。治國者。不敢侮于鰥寡。而況于士民乎。故得百姓之歡心。以事其先君。治家者。不敢失于臣妾。而況于妻子乎。故得人之歡心。以事其親。夫然。故生則親安之。祭則鬼享之。是以天下和平。灾害不生。禍亂不作。故明王之以孝治天下也如此。詩云。有覺德行。四國順之。

聖治章第九

曾子曰。敢問聖人之德。無以加于孝乎。子曰。天地之性。人爲貴。人之行。莫大于孝。孝莫大于嚴父。嚴父莫大于配天。則周公其人也。昔者周公郊祀後稷以配天。宗祀文王于明堂。以配上帝。是以四海之内。各以其職來祭。夫聖人之德。又何以加于孝乎。故親生之膝下。以養父母日嚴。聖人因嚴以教敬。因親以教愛。聖人之教。不肅而成。其政不嚴而治。其所因者本也。父子之道。天性也。君臣之義也。父母生之。續莫大焉。君親臨之。厚莫重焉。故不愛其親而愛他人者。謂之悖德。不敬其親而敬他人者。謂之悖禮。以順則逆。民無則焉。不在于善。而皆在于凶德。雖得之。君子不貴也。君子則不然。言思可道。行思可樂。

德義可尊。作事可法。容止可觀。進退可度。以臨其民。是以其民畏而愛之。則而象之。故能成其德教。而行其政令。詩云。淑人君子。其儀不忒。

紀孝行章第十

子曰。孝子之事親也。居則致其敬。養則致其樂。病則致其憂。喪則致其哀。祭則致其嚴。五者備矣。然後能事親。事親者。居上不驕。爲下不亂。在醜不爭。居上而驕則亡。爲下而

亂則刑。在醜而爭則兵。三者不除。雖日用三牲之養。猶爲不孝也。

五刑章第十一

子曰。五刑之屬三千。而罪莫大于不孝。要君者無上。非聖者無法。非孝者無親。此大亂之道也。

廣要道章第十二

子曰。教民親愛。莫善于孝。教民禮順。莫善于悌。移風易俗。莫善于樂。安上治民。莫

善于禮。禮者。敬而已矣。故敬其父。則子悅。敬其兄。則弟悅。敬其君。則臣悅。敬一人。而千萬人悅。所敬者寡。而悅者衆。此之謂要道矣。

廣至德章第十三

子曰。君子之教以孝也。非家至而日見之也。教以孝。所以敬天下之爲人父者也。教以悌。所以敬天下之爲人兄者也。教以臣。所以敬天下之爲人君者也。詩云。愷悌君子。民之父母。非至德。其孰能順民。如此其大者乎。

廣揚名章第十四

子曰。君子之事親孝。故忠可移于君。事兄悌。故順可移于長。居家理。故治可移于官。是以行成于内。而名立于後世矣。

諫諍章第十五

曾子曰。若夫慈愛。恭敬。安親。揚名。則聞命矣。敢問子從父之令。可謂孝乎。子曰。是何言與。是何言與。昔者天子有争臣七人。雖無道。不失其天下。諸侯有争臣五人。雖無道。不失其國。大夫有爭臣三人。雖無道。不失其家。士有爭友。則身不離于令名。父有爭子。則身不陷于不義。故當不義。則子不可以不爭于父。臣不可以不爭于君。故當不義則爭之。從父之令。又焉得爲孝乎。

感應章第十六

子曰。昔者。明王事父孝。故事天明。事母孝。故事地察。長幼順。故上下治。天地明察。神明彰矣。故雖天子。必有尊也。言有父也。必有先也。言有兄也。宗廟致敬。不忘親也。修身慎行。恐辱先也。宗廟致敬。鬼神著矣。孝悌之至。通于神明。光于四海。無所不通。詩云。自西自東。自南自北。無思不服。

事君章第十七

子曰。君子之事上也。進思盡忠。退思補過。將順其美。匡救其惡。故上下能相親也。詩云。心乎愛矣。遐不謂矣。中心藏之。何日忘之。

喪親章第十八

子曰。孝子之喪親也。哭不偯。禮無容。言不文。服美不安。聞樂不樂。食旨不甘。此哀戚之情也。三日而食。教民無以死傷生。毀不滅性。此聖人之政也。喪不過三年。示民有終也。爲之棺椁衣衾而舉之。陳其簠簋而哀戚之。擗踴哭泣。哀以送之。卜其宅兆。而安措之。爲之宗廟。以鬼享之。春秋祭祀。以時思之。生事愛敬。死事哀戚。生民之本盡矣。死生之義備矣。孝子之事親終矣。

音頻二維碼

孝經

開宗明義章第一

仲尼居曾子侍子曰先王有至德要道以順天下民用和睦上下無怨汝知之乎曾子避席曰參不敏何足以知之子曰夫孝德之本也教之所由生也復坐吾語汝身體發膚受之父母不敢毀傷孝之始也立身行道揚名于後世以顯父母孝之終也夫孝始于事親中于事君終于立身大雅云無念爾祖

聿修厥德．

天子章第二

子曰．愛親者．不敢惡于人．敬親者．不敢慢于人．愛敬盡于事親．而德教加于百姓．刑于四海．蓋天子之孝也．甫刑云．一人有慶．兆民賴之．

諸侯章第三

在上不驕．高而不危．制節謹度．滿而不溢．高而不危．所以長守貴也．滿而不溢．所以長守富也。富貴不離其身。然後能保其社稷。而和其民人。蓋諸侯之孝也。詩云。戰戰兢兢。如臨深淵。如履薄冰。

卿大夫章第四

非先王之法服不敢服。非先王之法言不敢道。非先王之德行不敢行。是故非法不言。非道不行。口無擇言。身無擇行。言滿天下無口過。行滿天下無怨惡。三者備矣。然後能守其宗廟。蓋卿大夫之孝也。詩云。夙夜匪懈。

以事一人。

士章第五

資于事父以事母。而愛同。資于事父以事君。而敬同。故母取其愛。而君取其敬。兼之者父也。故以孝事君則忠。以敬事長則順。忠順不失。以事其上。然後能保其祿位。而守其祭祀。蓋士之孝也。詩云。夙興夜寐。無忝爾所生。

庶人章第六

用天之道。分地之利。謹身節用。以養父母。

此庶人之孝也。故自天子至于庶人，孝無終始，而患不及者，未之有也。

三才章第七

曾子曰：甚哉，孝之大也！子曰：夫孝，天之經也，地之義也，民之行也。天地之經，而民是則之。則天之明，因地之利，以順天下，是以其教不肅而成，其政不嚴而治。先王見教之可以化民也，是故先之以博愛，而民莫遺其親；陳之于德義，而民興行；先之以敬讓，而民不争。導之以禮樂。而民和睦。示之以好惡。而民知禁。詩云。赫赫師尹。民具爾瞻。

孝治章第八

子曰。昔者明王之以孝治天下也。不敢遺小國之臣。而況于公。侯。伯。子。男乎。故得萬國之歡心。以事其先王。治國者。不敢侮于鰥寡。而況于士民乎。故得百姓之歡心。以事其先君。治家者。不敢失于臣妾。而況于妻子乎。故得人之歡心。以事其親。夫然。故生

則親安之。祭則鬼享之。是以天下和平。災害不生。禍亂不作。故明王之以孝治天下也如此。詩云。有覺德行。四國順之。

聖治章第九

曾子曰。敢問聖人之德。無以加于孝乎。

子曰。天地之性。人爲貴。人之行。莫大于孝。孝莫大于嚴父。嚴父莫大于配天。則周公其人也。昔者。周公郊祀后稷以配天。宗祀文王于明堂。以配上帝。是以四海之内。各以其職來祭。夫聖人之德。又何以加于孝乎。故親生之膝下。以養父母日嚴。聖人因嚴以教敬因親以教愛。聖人之教不肅而成。其政不嚴而治。其所因者本也。父子之道。天性也。君臣之義也。父母生之。續莫大焉。君親臨之。厚莫重焉。故不愛其親而愛他人者。謂之悖德。不敬其親而敬他人者。謂之悖禮。以順則逆。民無則焉。不在于善。而皆在于凶德。雖得之。君子不貴也。君子則不然。言思可道。行思可樂。

德義可尊，作事可法，容止可觀，進退可度，以臨其民。是以其民畏而愛之，則而象之。故能成其德教，而行其政令。詩云：淑人君子，其儀不忒。

紀孝行章第十

子曰：孝子之事親也，居則致其敬，養則致其樂，病則致其憂，喪則致其哀，祭則致其嚴。五者備矣，然後能事親。事親者，居上不驕，爲下不亂，在醜不爭。居上而驕則亡，爲下而亂則刑。在醜而爭則兵。三者不除。雖日用三牲之養。猶爲不孝也。

五刑章第十一

子曰。五刑之屬三千。而罪莫大于不孝。要君者無上。非聖者無法。非孝者無親。此大亂之道也。

廣要道章第十二

子曰。教民親愛。莫善于孝。教民禮順。莫善于悌。移風易俗。莫善于樂。安上治民。莫

善于禮。禮者敬而已矣。故敬其父。則子悅。敬其兄。則弟悅。敬其君。則臣悅。敬一人。而千萬人悅。所敬者寡。而悅者衆。此之謂要道矣。

廣至德章第十三

子曰。君子之教以孝也。非家至而日見之也。教以孝。所以敬天下之爲人父者也。教以悌。所以敬天下之爲人兄者也。教以臣。所以敬天下之爲人君者也。詩云。愷悌君子。民之父母。非至德。其孰能順民。如此其大者乎。

廣揚名章第十四

子曰。君子之事親孝。故忠可移于君。事兄悌。故順可移于長。居家理。故治可移于官。是以行成于內。而名立于後世矣。

諫諍章第十五

曾子曰。若夫慈愛。恭敬。安親。揚名。則聞命矣。敢問子從父之令。可謂孝乎。子曰。是何言與。是何言與。昔者。天子有爭臣七人。雖無道。不失其天下。諸侯有爭臣五人。雖無道。不失其國。大夫有爭臣三人。雖無道。不失其家。士有爭友。則身不離于令名。父有爭子。則身不陷于不義。故當不義。則子不可以不爭于父。臣不可以不爭于君。故當不義則爭之。從父之令。又焉得爲孝乎。

感應章第十六

子曰。昔者明王事父孝。故事天明。事母孝。故事地察。長幼順。故上下治。天地明察。神明彰矣。故雖天子。必有尊也。言有父也。必有

先也。言有兄也。宗廟致敬。不忘親也。修身慎行。恐辱先也。宗廟致敬。鬼神著矣。孝悌之至。通于神明。光于四海。無所不通。詩云。自西自東。自南自北。無思不服。

事君章第十七

子曰。君子之事上也。進思盡忠。退思補過。將順其美。匡救其惡。故上下能相親也。詩云。心乎愛矣。遐不謂矣。中心藏之。何日忘之。

喪親章第十八

子曰。孝子之喪親也。哭不偯。禮無容。言不文。服美不安。聞樂不樂。食旨不甘。此哀戚之情也。三日而食。教民無以死傷生。毀不滅性。此聖人之政也。喪不過三年。示民有終也。爲之棺槨衣衾而舉之。陳其簠簋而哀戚之。擗踴哭泣。哀以送之。卜其宅兆而安措之。爲之宗廟。以鬼享之。春秋祭祀。以時思之。生事愛敬。死事哀戚。生民之本盡矣。死生之義備矣。孝子之事親終矣。

音頻二維碼

孝經

開宗明義章第一

仲尼居。曾子侍。子曰。先王有至德要道。以順天下。民用和睦。上下無怨。汝知之乎。曾子避席曰。參不敏。何足以知之。子曰。夫孝德之本也。教之所由生也。復坐。吾語汝。身體發膚受之父母。不敢毀傷。孝之始也。立身行道。揚名于後世。以顯父母。孝之終也。夫孝。始于事親。中于事君。終于立身。大雅云。無念爾祖。

聿修厥德。

天子章第二

子曰。愛親者。不敢惡于人。敬親者。不敢慢于人。愛敬盡于事親。而德教加于百姓。刑于四海。蓋天子之孝也。甫刑云。一人有慶。兆民賴之。

諸侯章第三

在上不驕。高而不危。制節謹度。滿而不溢。高而不危。所以長守貴也。滿而不溢。所以

長守富也．富貴不離其身．然後能保其社稷．而和其民人．蓋諸侯之孝也．詩云．戰戰兢兢．如臨深淵．如履薄冰．

卿大夫章第四

非先王之法服不敢服．非先王之法言不敢道．非先王之德行不敢行．是故非法不言．非道不行．口無擇言．身無擇行．言滿天下無口過．行滿天下無怨惡．三者備矣．然後能守其宗廟．蓋卿大夫之孝也．詩云．夙夜匪懈．

以事一人。

士章第五

資于事父以事母。而愛同。資于事父以事君。而敬同。故母取其愛。而君取其敬。兼之者父也。故以孝事君則忠。以敬事長則順。忠順不失。以事其上。然後能保其祿位。而守其祭祀。蓋士之孝也。詩云。夙興夜寐。無忝爾所生。

庶人章第六

用天之道。分地之利。謹身節用。以養父母。

此庶人之孝也。故自天子至于庶人。孝無終始。而患不及者。未之有也。

三才章第七

曾子曰。甚哉。孝之大也。子曰。夫孝。天之經也。地之義也。民之行也。天地之經。而民是則之。則天之明。因地之利。以順天下。是以其教不肅而成。其政不嚴而治。先王見教之可以化民也。是故先之以博愛。而民莫遺其親。陳之于德義。而民興行。先之以敬讓。而民不

爭。導之以禮樂。而民和睦。示之以好惡。而民
知禁。詩云。赫赫師尹。民具爾瞻。

孝治章第八

子曰。昔者明王之以孝治天下也。不敢
遺小國之臣。而況于公侯伯子男乎。故得
萬國之歡心。以事其先王。治國者不敢侮于
鰥寡。而況于士民乎。故得百姓之歡心。以
事其先君。治家者不敢失于臣妾。而況于妻
子乎。故得人之歡心。以事其親。夫然。故生

則親安之，祭則鬼享之，是以天下和平，災害不生，禍亂不作，故明王之以孝治天下也如此。詩云：有覺德行，四國順之。

聖治章第九

曾子曰：敢問聖人之德，無以加于孝乎？子曰：天地之性，人爲貴，人之行，莫大于孝，孝莫大于嚴父，嚴父莫大于配天，則周公其人也。昔者周公郊祀後稷以配天，宗祀文王于明堂，以配上帝，是以四海之内，各以其職來祭。夫聖人之德。又何以加于孝乎。故親生之膝下。以養父母日嚴。聖人因嚴以敎敬。因親以敎愛。聖人之敎。不肅而成。其政不嚴而治。其所因者本也。父子之道。天性也。君臣之義也。父母生之。續莫大焉。君親臨之。厚莫重焉。故不愛其親而愛他人者。謂之悖德。不敬其親而敬他人者。謂之悖禮。以順則逆。民無則焉。不在于善。而皆在于凶德。雖得之。君子不貴也。君子則不然。言思可道。行思可樂。

德義可尊。作事可法。容止可觀。進退可度。以臨其民。是以其民畏而愛之。則而象之。故能成其德教。而行其政令。詩云。淑人君子。其儀不忒。

紀孝行章第十

子曰。孝子之事親也。居則致其敬。養則致其樂。病則致其憂。喪則致其哀。祭則致其嚴。五者備矣。然後能事親。事親者。居上不驕。爲下不亂。在醜不爭。居上而驕則亡。爲下而

亂則刑。在醜而爭則兵。三者不除。雖日用三牲之養。猶爲不孝也。

五刑章第十一

子曰。五刑之屬三千。而罪莫大于不孝。要君者無上。非聖者無法。非孝者無親。此大亂之道也。

廣要道章第十二

子曰。教民親愛。莫善于孝。教民禮順。莫善于悌。移風易俗。莫善于樂。安上治民。莫

善于禮·禮者·敬而已矣·故敬其父·則子悅·敬其兄·則弟悅·敬其君·則臣悅·敬一人·而千萬人悅·所敬者寡·而悅者衆·此之謂要道矣·

廣至德章第十三

子曰·君子之教以孝也·非家至而日見之也·教以孝·所以敬天下之爲人父者也·教以悌·所以敬天下之爲人兄者也·教以臣·所以敬天下之爲人君者也·詩云·愷悌君子·民之父母·非至德·其孰能順民·如此其大者乎·

廣揚名章第十四

子曰．君子之事親孝．故忠可移于君．事兄悌．故順可移于長．居家理．故治可移于官．是以行成于內．而名立于後世矣．

諫諍章第十五

曾子曰．若夫慈愛．恭敬．安親．揚名．則聞命矣．敢問子從父之令．可謂孝乎．子曰．是何言與．是何言與．昔者．天子有爭臣七人．雖無道．不失其天下．諸侯有爭臣五人．雖無道．不失其國。大夫有爭臣三人。雖無道。不失其家。士有爭友。則身不離于令名。父有爭子。則身不陷于不義。故當不義。則子不可以不爭于父。臣不可以不爭于君。故當不義則爭之。從父之令。又焉得爲孝乎。

感應章第十六

子曰。昔者明王事父孝。故事天明。事母孝。故事地察。長幼順。故上下治。天地明察。神明彰矣。故雖天子。必有尊也。言有父也。必有

先也。言有兄也。宗廟致敬。不忘親也。修身慎行。恐辱先也。宗廟致敬。鬼神著矣。孝悌之至。通于神明。光于四海。無所不通。詩云。自西自東。自南自北。無思不服。

事君章第十七

子曰。君子之事上也。進思盡忠。退思補過。將順其美。匡救其惡。故上下能相親也。詩云。心乎愛矣。遐不謂矣。中心藏之。何日忘之。

喪親章第十八

子曰。孝子之喪親也。哭不偯。禮無容。言不文。服美不安。聞樂不樂。食旨不甘。此哀戚之情也。三日而食。教民無以死傷生。毀不滅性。此聖人之政也。喪不過三年。示民有終也。爲之棺椁衣衾而舉之。陳其簠簋而哀戚之。擗踊哭泣。哀以送之。卜其宅兆。而安措之。爲之宗廟。以鬼享之。春秋祭祀。以時思之。生事愛敬。死事哀戚。生民之本盡矣。死生之義備矣。孝子之事親終矣。

孝經

音頻二維碼

開宗明義章第一

仲尼居，曾子侍。子曰：先王有至德要道，以順天下，民用和睦，上下無怨。汝知之乎？曾子避席曰：參不敏，何足以知之？子曰：夫孝，德之本也，教之所由生也。復坐，吾語汝。身體發膚，受之父母，不敢毀傷，孝之始也。立身行道，揚名于後世，以顯父母，孝之終也。夫孝，始于事親，中于事君，終于立身。大雅云：無念爾祖聿修厥德。

天子章第二

子曰。愛親者。不敢惡于人。敬親者。不敢慢于人。愛敬盡于事親。而德教加于百姓。刑于四海。蓋天子之孝也。甫刑云。一人有慶。兆民賴之。

諸侯章第三

在上不驕。高而不危。制節謹度。滿而不溢。高而不危。所以長守貴也。滿而不溢。所以

長守富也。富貴不離其身。然後能保其社稷。而和其民人。蓋諸侯之孝也。詩云。戰戰兢兢。如臨深淵。如履薄冰。

卿大夫章第四

非先王之法服不敢服。非先王之法言不敢道。非先王之德行不敢行。是故非法不言。非道不行。口無擇言。身無擇行。言滿天下無口過。行滿天下無怨惡。三者備矣。然後能守其宗廟。蓋卿大夫之孝也。詩云。夙夜匪懈。

以事一人。

士章第五

資于事父以事母，而愛同；資于事父以事君，而敬同。故母取其愛，而君取其敬，兼之者父也。故以孝事君則忠，以敬事長則順。忠順不失，以事其上，然後能保其禄位，而守其祭祀，蓋士之孝也。詩云：夙興夜寐，無忝爾所生。

庶人章第六

用天之道，分地之利，謹身節用，以養父母，

此庶人之孝也。故自天子至于庶人。孝無終始

而患不及者。未之有也。

三才章第七

曾子曰。甚哉。孝之大也。子曰。夫孝。天之

經也。地之義也。民之行也。天地之經。而民是

則之。則天之明。因地之利。以順天下。是以其

教不肅而成。其政不嚴而治。先王見教之可

以化民也。是故先之以博愛。而民莫遺其親。

陳之于德義。而民興行。先之以敬讓。而民不

爭。導之以禮樂。而民和睦。示之以好惡。而民知禁。詩云。赫赫師尹。民具爾瞻。

孝治章第八

子曰。昔者明王之以孝治天下也。不敢遺小國之臣。而況于公。侯。伯。子。男乎。故得萬國之歡心。以事其先王。治國者。不敢侮于鰥寡。而況于士民乎。故得百姓之歡心。以事其先君。治家者。不敢失于臣妾。而況于妻子乎。故得人之歡心。以事其親。夫然。故生

則親安之。祭則鬼享之。是以天下和平。灾害不生。禍亂不作。故明王之以孝治天下也如此。詩云。有覺德行。四國順之。

聖治章第九

曾子曰。敢問聖人之德。無以加于孝乎。

子曰。天地之性。人爲貴。人之行。莫大于孝。孝莫大于嚴父。嚴父莫大于配天。則周公其人也。昔者周公郊祀後稷以配天。宗祀文王于明堂。以配上帝。是以四海之内。各以其職來祭。夫聖人之德。又何以加于孝乎。故親生之膝下。以養父母日嚴。聖人因嚴以教敬。因親以教愛。聖人之教。不肅而成。其政不嚴而治。其所因者本也。父子之道。天性也。君臣之義也。父母生之。續莫大焉。君親臨之。厚莫重焉。故不愛其親而愛他人者。謂之悖德。不敬其親而敬他人者。謂之悖禮。以順則逆。民無則焉。不在于善。而皆在于凶德。雖得之。君子不貴也。君子則不然。言思可道。行思可樂。

德義可尊。作事可法。容止可觀。進退可度。以臨其民。是以其民畏而愛之。則而象之。故能成其德教。而行其政令。詩云。淑人君子。其儀不忒。

紀孝行章第十

子曰。孝子之事親也。居則致其敬。養則致其樂。病則致其憂。喪則致其哀。祭則致其嚴。五者備矣。然後能事親。事親者。居上不驕。爲下不亂。在醜不爭。居下而驕則亡。爲下而亂則刑。在醜而爭則兵。三者不除。雖日用三牲之養。猶爲不孝也。

五刑章第十一

子曰。五刑之屬三千。而罪莫大于不孝。要君者無上。非聖者無法。非孝者無親。此大亂之道也。

廣要道章第十二

子曰。教民親愛。莫善于孝。教民禮順。莫善于悌。移風易俗。莫善于樂。安上治民。莫

善于禮。禮者敬而已矣。故敬其父。則子悦。敬其兄。則弟悦。敬其君。則臣悦。敬一人。而千萬人悦。所敬者寡。而悦者衆。此之謂要道矣。

廣至德章第十三

子曰。君子之教以孝也。非家至而日見之也。教以孝。所以敬天下之爲人父者也。教以悌。所以敬天下之爲人兄者也。教以臣。所以敬天下之爲人君者也。詩云。愷悌君子。民之父母。非至德。其孰能順民。如此其大者乎。

廣揚名章第十四

子曰。君子之事親孝。故忠可移于君。事兄悌。故順可移于長。居家理。故治可移于官。是以行成于内。而名立于後世矣。

諫諍章第十五

曾子曰。若夫慈愛。恭敬。安親。揚名。則聞命矣。敢問子從父之令。可謂孝乎。子曰。是何言與。是何言與。昔者天子有爭臣七人。雖無道。不失其天下。諸侯有爭臣五人。雖無道。不失其國。大夫有爭臣三人。雖無道。不失其家。士有爭友。則身不離於令名。父有爭子。則身不陷於不義。故當不義。則子不可以不爭於父。臣不可以不爭於君。故當不義則爭之。從父之令。又焉得爲孝乎。

感應章第十六

子曰。昔者。明王事父孝。故事天明。事母孝。故事地察。長幼順。故上下治。天地明察。神明彰矣。故雖天子。必有尊也。言有父也。必有先也。言有兄也。宗廟致敬。不忘親也。修身慎行。恐辱先也。宗廟致敬。鬼神著矣。孝悌之至。通于神明。光于四海。無所不通。詩云。自西自東。自南自北。無思不服。

事君章第十七

子曰。君子之事上也。進思盡忠。退思補過。將順其美。匡救其惡。故上下能相親也。詩云。心乎愛矣。遐不謂矣。中心藏之。何日忘之。

喪親章第十八

子曰，孝子之喪親也，哭不偯，禮無容，言不文，服美不安，聞樂不樂，食旨不甘，此哀戚之情也。三日而食，教民無以死傷生，毀不滅性，此聖人之政也。喪不過三年，示民有終也。爲之棺槨衣衾而舉之，陳其簠簋而哀戚之，擗踊哭泣，哀以送之，卜其宅兆，而安措之，爲之宗廟，以鬼享之，春秋祭祀，以時思之。生事愛敬，死事哀戚，生民之本盡矣，死生之義備矣，孝子之事親終矣。

孝經

開宗明義章第一

仲尼居。曾子侍。子曰。先王有至德要道。以順天下。民用和睦。上下無怨。汝知之乎。曾子避席曰。參不敏。何足以知之。子曰。夫孝德之本也。教之所由生也。復坐。吾語汝。身體髮膚受之父母。不敢毀傷。孝之始也。立身行道。揚名于後世。以顯父母。孝之終也。夫孝。始于事親。中于事君。終于立身。大雅云。無念爾祖。

聿修厥德。

天子章第二

子曰。愛親者。不敢惡于人。敬親者。不敢慢于人。愛敬盡于事親。而德教加于百姓。刑于四海。蓋天子之孝也。甫刑云。一人有慶。兆民賴之。

諸侯章第三

在上不驕。高而不危。制節謹度。滿而不溢。高而不危。所以長守貴也。滿而不溢。所以

長守富也。富貴不離其身，然後能保其社稷，而和其民人。蓋諸侯之孝也。詩云：戰戰兢兢，如臨深淵，如履薄冰。

卿大夫章第四

非先王之法服不敢服，非先王之法言不敢道，非先王之德行不敢行。是故非法不言，非道不行；口無擇言，身無擇行。言滿天下無口過，行滿天下無怨惡。三者備矣，然後能守其宗廟。蓋卿大夫之孝也。詩云：夙夜匪懈，以事一人。

士章第五

資于事父以事母。而愛同。資于事父以事君。而敬同。故母取其愛。而君取其敬。兼之者父也。故以孝事君則忠。以敬事長則順。忠順不失。以事其上。然後能保其祿位。而守其祭祀。蓋士之孝也。詩云。夙興夜寐。無忝爾所生。

庶人章第六

用天之道。分地之利。謹身節用。以養父母。

此庶人之孝也。故自天子至于庶人。孝無終始。而患不及者。未之有也。

三才章第七

曾子曰。甚哉。孝之大也。子曰。夫孝。天之經也。地之義也。民之行也。天地之經。而民是則之。則天之明。因地之利。以順天下。是以其教不肅而成。其政不嚴而治。先王見教之可以化民也。是故先之以博愛。而民莫遺其親。陳之于德義。而民興行。先之以敬讓。而民不

争·導之以禮樂·而民和睦·示之以好惡·而民知禁·詩云·赫赫師尹·民具爾瞻·

孝治章第八

子曰·昔者明王之以孝治天下也·不敢遺小國之臣·而況于公侯·伯·子·男乎·故得萬國之歡心·以事其先王·治國者·不敢侮于鰥寡·而況于士民乎·故得百姓之歡心·以事其先君·治家者·不敢失于臣妾·而況于妻子乎·故得人之歡心·以事其親·夫然·故生

則親安之。祭則鬼享之。是以天下和平。灾害不生。禍亂不作。故明王之以孝治天下也如此。詩云。有覺德行。四國順之。

聖治章第九

曾子曰。敢問聖人之德。無以加于孝乎。

子曰。天地之性。人爲貴。人之行。莫大于孝。孝莫大于嚴父。嚴父莫大于配天。則周公其人也。昔者周公郊祀後稷以配天。宗祀文王于明堂。以配上帝。是以四海之内。各以其職來祭。夫聖人之德。又何以加于孝乎。故親生之膝下。以養父母日嚴。聖人因嚴以教敬。因親以教愛。聖人之教不肅而成。其政不嚴而治。其所因者本也。父子之道。天性也。君臣之義也。父母生之。續莫大焉。君親臨之。厚莫重焉。故不愛其親而愛他人者。謂之悖德。不敬其親而敬他人者。謂之悖禮。以順則逆。民無則焉。不在于善。而皆在于凶德。雖得之。君子不貴也。君子則不然。言思可道。行思可樂。

德義可尊。作事可法。容止可觀。進退可度。以臨其民。是以其民畏而愛之。則而象之。故能成其德教。而行其政令。詩云。淑人君子。其儀不忒。

紀孝行章第十

子曰。孝子之事親也。居則致其敬。養則致其樂。病則致其憂。喪則致其哀。祭則致其嚴。五者備矣。然後能事親。事親者。居上不驕。爲下不亂。在醜不爭。居上而驕則亡。爲下而

亂則刑。在醜而爭則兵。三者不除。雖日用三牲之養。猶爲不孝也。

五刑章第十一

子曰。五刑之屬三千。而罪莫大于不孝。要君者無上。非聖者無法。非孝者無親。此大亂之道也。

廣要道章第十二

子曰。教民親愛。莫善于孝。教民禮順。莫善于悌。移風易俗。莫善于樂。安上治民。莫

善于禮。禮者敬而已矣。故敬其父。則子悅。敬其兄。則弟悅。敬其君。則臣悅。敬一人。而千萬人悅。所敬者寡。而悅者衆。此之謂要道矣。

廣至德章第十三

子曰。君子之教以孝也。非家至而日見之也。教以孝。所以敬天下之爲人父者也。教以悌。所以敬天下之爲人兄者也。教以臣。所以敬天下之爲人君者也。詩云。愷悌君子。民之父母。非至德。其孰能順民。如此其大者乎。

廣揚名章第十四

子曰君子之事親孝故忠可移于君事
兄悌故順可移于長居家理故治可移于官
是以行成于内而名立于後世矣

諫諍章第十五

曾子曰若夫慈愛恭敬安親揚名則聞
命矣敢問子從父之令可謂孝乎子曰是何
言與是何言與昔者天子有爭臣七人雖無道
不失其天下諸侯有爭臣五人雖無道不失

其國。大夫有爭臣三人。雖無道。不失其家。士有爭友。則身不離于令名。父有爭子。則身不陷于不義。故當不義。則子不可以不爭于父。臣不可以不爭于君。故當不義則爭之。從父之令。又焉得爲孝乎。

感應章第十六

子曰。昔者明王事父孝。故事天明。事母孝。故事地察。長幼順。故上下治。天地明察。神明彰矣。故雖天子。必有尊也。言有父也。必有

先也。言有兄也。宗廟致敬。不忘親也。修身慎行。恐辱先也。宗廟致敬。鬼神著矣。孝悌之至。通于神明。光于四海。無所不通。詩云。自西自東。自南自北。無思不服。

事君章第十七

子曰。君子之事上也。進思盡忠。退思補過。將順其美。匡救其惡。故上下能相親也。詩云。心乎愛矣。遐不謂矣。中心藏之。何日忘之。

喪親章第十八

子曰。孝子之喪親也。哭不偯。禮無容。言不文。服美不安。聞樂不樂。食旨不甘。此哀戚之情也。三日而食。教民無以死傷生。毀不滅性。此聖人之政也。喪不過三年。示民有終也。爲之棺槨衣衾而舉之。陳其簠簋而哀戚之。擗踴哭泣。哀以送之。卜其宅兆。而安措之。爲之宗廟。以鬼享之。春秋祭祀。以時思之。生事愛敬。死事哀戚。生民之本盡矣。死生之義備矣。孝子之事親終矣。

音頻二維碼

孝經

開宗明義章第一

仲尼居。曾子侍。子曰。先王有至德要道。以順天下。民用和睦。上下無怨。汝知之乎。曾子避席曰。參不敏。何足以知之。子曰。夫孝。德之本也。教之所由生也。復坐。吾語汝。身體發膚受之父母。不敢毀傷。孝之始也。立身行道。揚名于後世。以顯父母。孝之終也。夫孝。始于事親。中于事君。終于立身。大雅云。無念爾祖聿修厥德。

天子章第二

子曰。愛親者。不敢惡于人。敬親者。不敢慢于人。愛敬盡于事親。而德教加于百姓。刑于四海。蓋天子之孝也。甫刑云。一人有慶。兆民賴之。

諸侯章第三

在上不驕。高而不危。制節謹度。滿而不溢。高而不危。所以長守貴也。滿而不溢。所以

長守富也。富貴不離其身。然後能保其社稷。而和其民人。蓋諸侯之孝也。詩云。戰戰兢兢。如臨深淵。如履薄冰。

卿大夫章第四

非先王之法服不敢服。非先王之法言不敢道。非先王之德行不敢行。是故非法不言。非道不行。口無擇言。身無擇行。言滿天下無口過。行滿天下無怨惡。三者備矣。然後能守其宗廟。蓋卿大夫之孝也。詩云。夙夜匪懈。

以事一人。

士章第五

資于事父以事母。而愛同。資于事父以事君。而敬同。故母取其愛。而君取其敬。兼之者父也。故以孝事君則忠。以敬事長則順。忠順不失。以事其上。然後能保其祿位。而守其祭祀。蓋士之孝也。詩云。夙興夜寐。無忝爾所生。

庶人章第六

用天之道。分地之利。謹身節用。以養父母。

此庶人之孝也。故自天子至于庶人。孝無終始。
而患不及者。未之有也。

三才章第七

曾子曰。甚哉。孝之大也。子曰。夫孝。天之
經也。地之義也。民之行也。天地之經。而民是
則之。則天之明。因地之利。以順天下。是以其
教不肅而成。其政不嚴而治。先王見教之可
以化民也。是故先之以博愛。而民莫遺其親。
陳之于德義。而民興行。先之以敬讓。而民不

爭。導之以禮樂。而民和睦。示之以好惡。而民知禁。詩云。赫赫師尹。民具爾瞻。

孝治章第八

子曰。昔者明王之以孝治天下也。不敢遺小國之臣。而況于公侯伯子男乎。故得萬國之歡心。以事其先王。治國者不敢侮于鰥寡。而況于士民乎。故得百姓之歡心。以事其先君。治家者不敢失于臣妾。而況于妻子乎。故得人之歡心。以事其親。夫然。故生則親安之。祭則鬼享之。是以天下和平。災害不生。禍亂不作。故明王之以孝治天下也如此。詩云。有覺德行。四國順之。

聖治章第九

曾子曰。敢問聖人之德。無以加于孝乎。

子曰。天地之性。人爲貴。人之行。莫大于孝。孝莫大于嚴父。嚴父莫大于配天。則周公其人也。昔者周公郊祀后稷以配天。宗祀文王于明堂。以配上帝。是以四海之内。各以其職來祭。夫聖人之德。又何以加于孝乎。故親生之膝下。以養父母日嚴。聖人因嚴以教敬。因親以教愛。聖人之教。不肅而成。其政不嚴而治。其所因者本也。父子之道。天性也。君臣之義也。父母生之。續莫大焉。君親臨之。厚莫重焉。故不愛其親而愛他人者。謂之悖德。不敬其親而敬他人者。謂之悖禮。以順則逆。民無則焉。不在于善。而皆在于凶德。雖得之。君子不貴也。君子則不然。言思可道。行思可樂。

德義可尊．作事可法．容止可觀．進退可度．以臨其民．是以其民畏而愛之．則而象之．故能成其德教．而行其政令．詩云．淑人君子．其儀不忒．

紀孝行章第十

子曰．孝子之事親也．居則致其敬．養則致其樂．病則致其憂．喪則致其哀．祭則致其嚴．五者備矣．然後能事親．事親者．居上不驕．爲下不亂．在醜不爭．居上而驕則亡．爲下而亂則刑，在醜而爭則兵。三者不除，雖日用三牲之養，猶爲不孝也。

五刑章第十一

子曰：五刑之屬三千，而罪莫大于不孝。要君者無上，非聖者無法，非孝者無親。此大亂之道也。

廣要道章第十二

子曰：教民親愛，莫善于孝。教民禮順，莫善于悌。移風易俗，莫善于樂。安上治民，莫善于禮。禮者。敬而已矣。故敬其父。則子悅。敬其兄。則弟悅。敬其君。則臣悅。敬一人。而千萬人悅。所敬者寡。而悅者衆。此之謂要道矣。

廣至德章第十三

子曰。君子之教以孝也。非家至而日見之也。教以孝。所以敬天下之爲人父者也。教以悌。所以敬天下之爲人兄者也。教以臣。所以敬天下之爲人君者也。詩云。愷悌君子。民之父母。非至德。其孰能順民。如此其大者乎。

廣揚名章第十四

子曰。君子之事親孝。故忠可移于君。事兄悌。故順可移于長。居家理。故治可移于官。是以行成于內。而名立于後世矣。

諫諍章第十五

曾子曰。若夫慈愛。恭敬。安親。揚名。則聞命矣。敢問子從父之令。可謂孝乎。子曰。是何言與。是何言與。昔者。天子有爭臣七人。雖無道。不失其天下。諸侯有爭臣五人。雖無道。不失其國。大夫有争臣三人。雖無道。不失其家。士有争友。則身不離于令名。父有争子。則身不陷于不義。故當不義。則子不可以不争于父。臣不可以不争于君。故當不義則争之。從父之令。又焉得爲孝乎。

感應章第十六

子曰。昔者明王事父孝。故事天明。事母孝。故事地察。長幼順。故上下治。天地明察。神明彰矣。故雖天子。必有尊也。言有父也。必有

先也。言有兄也。宗廟致敬。不忘親也。修身慎行。恐辱先也。宗廟致敬。鬼神著矣。孝悌之至。通于神明。光于四海。無所不通。詩云。自西自東。自南自北。無思不服。

事君章第十七

子曰。君子之事上也。進思盡忠。退思補過。將順其美。匡救其惡。故上下能相親也。詩云。心乎愛矣。遐不謂矣。中心藏之。何日忘之。

喪親章第十八

子曰·孝子之喪親也·哭不偯·禮無容·言不文·服美不安·聞樂不樂·食旨不甘·此哀戚之情也·三日而食·教民無以死傷生·毀不滅性·此聖人之政也·喪不過三年·示民有終也·爲之棺槨衣衾而舉之·陳其簠簋而哀戚之·擗踴哭泣·哀以送之·卜其宅兆·而安措之·爲之宗廟·以鬼享之·春秋祭祀·以時思之·生事愛敬·死事哀戚·生民之本盡矣·死生之義備矣·孝子之事親終矣·

圖書在版編目（CIP）數據

孝經 / 北京華夏文化藝術研究院選編 . -- 北京 ：
文物出版社，2020.6（2021.6 重印）
（華夏傳統文化經典系列）
ISBN 978-7-5010-6696-4

Ⅰ . ①孝… Ⅱ . ①北… Ⅲ . ①家庭道德－中國－古代
Ⅳ . ① B823.1

中國版本圖書館 CIP 數據核字（2020）第 089110 號

華夏傳統文化經典系列：孝經

選　　編：北京華夏文化藝術研究院

策　　劃：北京華夏文化藝術研究院
責任編輯：劉永海
責任印製：蘇　林
封面設計：石　冰　鐘尊朝

出版發行：文物出版社
地　　址：北京市東城區東直門内北小街 2 號樓
郵　　編：100007
網　　址：http://www.wenwu.com
經　　銷：新華書店
印　　刷：三河市華東印刷有限公司
開　　本：710mm × 1000mm　1/16
印　　張：7.25
版　　次：2020 年 6 月第 1 版
印　　次：2021 年 6 月第 2 次印刷
書　　號：ISBN 978-7-5010-6696-4
定　　價：358.00 元（全十册）